Theodor Beck
James Watt und die Erfindung der Dampfmaschine.

SEVERUS Verlag

Beck, Theodor: James Watt und die Erfindung der Dampfmaschine. Ein Vortrag vom 9. Februar 1894 über Watts technische Entwicklungen. 2019
Neuauflage der Ausgabe von 1894
ISBN: 978-3-96345-229-1

Korrektorat: Katharina Breu
Satz: Katharina Breu

Umschlaggestaltung: Annelie Lamers, SEVERUS Verlag
Umschlagmotiv: www.pixabay.de
Bilder aus: Matschoss, Conrad: Geschichte der Dampfmaschine. Nachdruck der Originalausgabe von 1901. Hamburg, SEVERUS Verlag 2013.

Bibliografische Information der Deutschen Nationalbibliothek: Die Deutsche Nationalbibliothek verzeichnet diese Publikation in der Deutschen Nationalbibliografie; detaillierte bibliografische Daten sind im Internet über https://dnb.de abrufbar.

Der SEVERUS Verlag ist ein Imprint der Bedey & Thoms Media GmbH, Hermannstal 119k, 22119 Hamburg

SEVERUS Verlag, 2021
http://www.severus-verlag.de
Gedruckt in Deutschland

Theodor Beck

James Watt und die Erfindung der Dampfmaschine

Ein Vortrag vom 9. Februar 1894
über Watts technische Entwicklungen

James Watt

James Watt und die Erfindung der Dampfmaschine

Vortrag am 9. Februar 1894 gehalten im Ortsgewerbeverein Darmstadt von Ingenieur Th. Beck

Meine Herren! Wenn ich versuche, Ihnen die Lebensgeschichte eines Mannes wahrheitsgetreu zu erzählen, der berufen war, durch seine Erfindungen, insbesondere durch die wesentlichste Verbesserung der Dampfmaschine, einer der größten Wohltäter der Menschheit zu werden, so geschieht dies vornehmlich, weil ich glaube, dass es von Nutzen sein dürfte, in unserer Zeit, wo so viele Erfinder sein möchten und von so vielen über das Kapital gehässige Reden geführt werden, an einem klassischen Beispiele zu zeigen, was es mit dem Erfinden für eine Bewandtnis hat, welche Rolle das Kapital bei den Fortschritten der Menschheit spielt und wie sehr der Erfolg einer Erfindung von dem jeweiligen Entwicklungsstadium der Technik im Allgemeinen abhängt.

James Watt wurde am 19. Januar 1736 zu Greenock in Schottland geboren. Sein Großvater, Sohn eines Landwirts in der Grafschaft Aberdeen, hatte sich zur Zeit der Revolution unter Karl I. zu Cartsdyke, einem Orte, der damals von Greenock getrennt war, jetzt aber damit vereinigt ist, als Lehrer der Mathematik und Schifffahrtskunde niedergelassen, wurde 1688 zum Amtmanne ernannt und bald darnach auch in den Kirchenvorstand gewählt, zog sich im 70. Jahre von seinen Ämtern zurück und starb 1734 im 92. Lebensjahre.

Sein zweiter Sohn, James, der Va t e r des berühmten Erfinders, wurde um 1730 Zimmermann und Schiffsbauer in Greenock und kaufte nach seines Vaters Tod ein Haus mit Grundstück an der dortigen Meeresbucht, wo er seine Werkstätte aufschlug.

Der damals noch sehr kleine Ort Greenock konnte jedoch einem tätigen Manne in einem speziellen Fache keine genügende Beschäftigung gewähren. Vielseitigkeit war geboten und deshalb wurden in der Werkstätte die verschiedensten Dinge angefertigt, Möbel und Ausrüstungsgegenstände für Schiffe, Särge und Schiffswinden. Auch hielt James, der Vater, ein Lager von Flaschenzügen, Pumpen, Kanonenlafetten für Schiffe usw., war Bauunternehmer, Miteigentümer verschiedener Schiffe und beteiligte sich gelegentlich an kaufmännischen Spekulationen. Auch er wurde zu mehreren Vertrauensämtern und zuletzt an die Spitze der Gemeindeverwaltung berufen.

Von seinen fünf Kindern verlor er drei in frühester Jugend, sein jüngster Sohn kam auf einer Reise nach Amerika um. James, sein viertes Kind, war das einzige, das ihm bleib, und dieses war von so zarter Konstitution, dass es die sorglichste Pflege erheischte. Es konnte an den Spielen kräftiger Knaben nicht teilnehmen und empfing daher seinen ersten Unterricht zu Hause. Die Mutter lehrte ihn lesen und der Vater, um ihn zu unterhalten, eiferte ihn an, mit Bleistift auf Papier oder mit Kreide auf dem Fußboden zu zeichnen, lehrte ihn rechnen, schreiben u. dergl. und gab ihm einige Werkzeuge, die er bald mit Geschicklichkeit gebrauchen lernte. Das Kind litt sehr an Kopfschmerzen, die es oft wochenlang an das Zimmer fesselten.

Unter solchen Umständen ist es nicht selten, dass sich bei Kindern Anzeigen von Frühreife bemerklich machen. Man erzählt, einmal, als sich der Knabe mit einem Stück Kreide in der Hand über den Herd beugte, habe ein

Freund zum Vater gesagt: „Sie sollten das Kind in die Schule schicken und nicht zugeben, dass es seine Zeit zu Hause vergeudet." – „Sehen Sie erst zu, womit mein Kind sich beschäftigt, ehe Sie es verurteilen", sagte der Vater. Und als man hinzutrat, gewahrte man, dass der sechsjährige James mit Lösung einer g e o m e t r i s c h e n Aufgabe beschäftigt war.

Ein andermal soll er von einer Tante wegen seiner Faulheit getadelt worden sein. „James", soll sie gesagt haben, „ich sah niemals einen so f a u l e n Jungen, wie du bist, nimm ein Buch und beschäftige dich nützlich; seit einer Stunde hast du kein Wort gesprochen, sondern immer nur den Deckel vom Teekessel genommen und ihn wieder daraufgesetzt, bald eine Tasse und bald einen Löffel über den Dampf gehalten und die Tropfen gezählt, in der er sich verwandelt." – In den Augen eines Argo und der meisten späteren Biographen Watts wird hier der kleine James vor dem Teekessel schon zu dem g r o ß e n I n g e n i e u r, der sich auf die E n t d e c k u n g e n v o r b e r e i t e t, die ihn unsterblich machen sollten. Wahrscheinlich war aber das Urteil der Tante richtiger. Nichts kommt häufiger vor, als dass Kinder sich mit ähnlichen Erscheinungen beschäftigen, wie die hier erwähnte. Wenn sie z.B. Seifenblasen machen und ihr Aufsteigen in die Luft beobachten, bis sie platzen, ist deshalb noch nicht anzunehmen, dass sie dabei an das Aufsuchen der dieser Erscheinung zu Grunde liegenden physikalischen Gesetze denken.

Als James endlich in die Schule geschickt wurde, verursachte ihm dies viele Leiden. Er fand sich unter den geräuschvollen Kameraden nicht heimisch, besaß weder Übung im Auswendiglernen noch Selbstvertrauen, um sich vor anderen bemerklich zu machen und galt daher für einen vernachlässigten, dummen Jungen. Erst im dreizehnten oder vierzehnten Jahr, als er in die mathematische

Klasse gelangte, machte er rasche Fortschritte. Im vierzehnten nahm ihn die Mutter einmal, einer Luftveränderung wegen, mit zu einer Verwandten in dem benachbarten Glasgow, das damals noch ein kleines Universitätsstädtchen ohne Fabriken war. Nach kurzer Zeit aber schrieb die Verwandte an den Vater: „Ich kann die Aufregung nicht länger ertragen, in der er mich hält, und bin durch Mangel an Schlaf ganz erschöpft. Jeden Abend, ehe wir zur Ruhe gehen, fängt er eine Unterhaltung mit mir an und erzählt irgendeine packende Geschichte. Mag sie nun scherz- oder ernsthaft sein, immer weiß er unser Interesse so zu fesseln, dass die ganze Familie ihm mit angehaltenem Atem zuhört und Stunde auf Stunde unbeachtet verstreichen lässt." Diese Gabe, i n t e r e s s a n t zu e r z ä h l e n, bewunderte später selbst W a l t e r S c o t t an ihm.

Zur Schule zurückgekehrt, ward er nun in der Mathematik der Erste seiner Klasse. In seinen freien Stunden zu Hause beschäftigte er sich mit den um ihn her liegenden Werkzeugen und wusste so geschickt damit zu hantieren, dass die Arbeiter zu sagen pflegten: „Der kleine James hat ein Vermögen in seinen Fingerspitzen." Als alter Mann erinnerte er sich gern an das Vergnügen, das er empfunden hatte, als er in Hemdärmeln arbeitend in der Werkstätte seines Vaters stand. Eine kleine Schmiede und eine eigene Werkbank wurden für ihn hergerichtet und er machte kleine Kranen, Flaschenzüge, Pumpen u. dergl. Was ihn aber am meisten anzog, war das Reparieren m a t h e m a t i s c h e r I n s t r u m e n t e wie Quadranten, Schiffskompasse u. dergl. Es war eine Eigentümlichkeit, die ihn durchs ganze Leben begleitete, dass er k e i n Instrument und k e i n e Maschine ansehen konnte, ohne von dem Verlangen ergriffen zu werden, sie nach j e d e r Richtung zu v e r s t e h e n.

Ehe er 15 Jahre alt war, hatte er die „Elemente der Physik" von s'Gravesande, ein Buch, das sein Vater besaß, zweimal durchstudiert, machte kleine chemische Experimente und brachte eine Elektrisiermaschine zustande, die seine Umgebung in Staunen versetzte. Doch trieb er auch botanische und geologische Studien. Überhaupt war er ein Bücherverschlinger, der alles las, was ihm in den Weg kam. Als ein Freund ihm riet, er möchte mit mehr Auswahl lesen, antwortete er: „Ich habe noch nie ein Buch gelesen, ohne Belehrung oder Vergnügen daraus zu schöpfen."

So kam die Zeit, wo James ein Geschäft erlernen musste. Sein Vater hatte ursprünglich die Absicht gehabt, ihm einmal sein eigenes Geschäft zu übergeben, aber da er durch den Untergang eines seiner Schiffe schwere Verluste erlitten hatte und er die ausgesprochene Neigung seines Sohnes für mathematische Instrumente kante, beschloss er, diesen, als er 18 Jahre alt war, nach Glasgow zu schicken, damit er dort die Verfertigung solcher Instrumente erlene. Als er dort hinkam, um einen Meister dieser Kunst zu suchen, fand sich aber, dass keiner da war. Es gab nur einen Mann in der Stadt, der sich Optiker nannte. Er war ein Tausendkünstler, machte Zeichenwerkzeuge, Fischangeln, Brillen und Geigen. Auch stimmte er Klaviere. Obgleich er alles geschickt anzugreifen wusste, stellte sich doch bald heraus, dass durch seine Lehre das vorgesteckte Ziel nicht erreicht werden konnte.

Unter den Herren, bei denen der junge Watt in Glasgow eingeführt war, war Dr. Dick, Professor der Universität. Dieser empfahl ihm dringend, sich nach London in die Lehre eines richtigen Meisters zu begeben. Sein Vater war einverstanden und mit einem Empfehlungsbriefe vom Herrn Professor in der Tasche machte er sich auf den Weg nach der großen Stadt. Eine Postkutsche dahin gab es damals noch nicht und man beschloss, er solle dahin reiten, während sein Koffer per Schiff geschickt wurde. Er reiste in Begleitung eines verwandten Kapitäns, dessen Schiff auf der Themse lag. Sie ritten am 7. Juni 1755 von Glasgow weg und kamen nach zwölf Tagen glücklich in London an.

Watt suchte sofort nach einem Meister; alleine es war Zunftregel, dass ein Lehrling der Feinmechaniker sieben Jahre lang lernen müsse. Das würde dem jetzt wenig bemittelten Vater zu viel Geld gekostet haben und James jun. hatte auch gar nicht den Ehrgeiz, Geselle zu werden; sein Plan war, das Geschäft in möglichst kurzer Zeit zu erlernen, um es dann in Glasgow selbständig zu treiben. Er suchte wochenlang vergebens und bot zuletzt einem Uhrmacher seine Dienste gratis an, der ihn mit Metallgravieren beschäftigte. Auch hierbei muss er Proben besonderer Geschicklichkeit abgelegt haben, denn nach kurzer Zeit gelang es ihm, einen geeigneteren Platz bei einem respektablen Mechaniker namens Morgan zu finden, der es gegen unentgeltliche Arbeit und Zahlung eines Lehrgeldes von 20£ = 400 Mark übernahm, ihn ein Jahr lang zu unterrichten. James erwies sich als ein sehr gelehriger Schüler. Nach einem Monate war er schon imstande, einen Quadranten besser zu machen als irgendein anderer Lehrling und nach einem Jahr schrieb er an seinen Vater, er habe einen messingenen Sektor mit französischem Scharnier gemacht,. was für eine der schwierigsten Arbeiten seines Faches gehalten werde. Er sprach die Hoffnung ans, bald imstande zu sein, sein Brot durch eigener Hände Arbeit zu verdienen. Um dem Vater seinen Unterhalt zu erleichtern, lebte er sehr sparsam und verbrauchte nur acht Schillinge die Woche. Auch suchte er durch Privatarbeiten etwas zu verdienen, und wenn er solche fand, benutzte er die Nächte zu deren Ausführung. Es zeigte sich aber bald, dass er seinem von Natur zarten Körper zu viel zumutete. Wenn er abends ermüdet nach Hause ging, zitterten seine Hände wie die eines alten Mannes, und da sein Platz in der Werkstätte nahe bei der Türe war, die oft geöffnet wurde, stellten sich im Winter rheumatische

Schmerzen und ein heftiger Husten ein. Große Niedergeschlagenheit befiel ihn und mit seines Vaters Genehmigung beschloss er, nach Hause zurückzukehren, um in der heimatlichen Luft Genesung zu suchen. Sein Vater sandte ihm noch das Geld, um einige für sein Geschäft nötigen Werkzeuge und Materialien und ein Werk über die Konstruktion mathematischer Instrumente zu kaufen, und nachdem er dies getan, reiste er nach Schottland und erreichte Greenock im Herbste 1756. Dort befestigte sich seine Gesundheit bald wieder so weit, dass er zur Arbeit zurückkehren konnte und, zwanzig Jahre alt, ging er nach Glasgow um mit dem Beistande seines Vaters selbständig ein Geschäft zu errichten. Allein hier stellten sich ihm ähnliche Schwierigkeiten entgegen wie in London. Obgleich es keinen Verfertiger mathematischer Instrumente in der Stadt gab und man froh hätte sein sollen, dass ein so geschickter Mechaniker sich dort niederlassen wollte, erhob die Zunft der Schmiede Einspruch, weil er weder ein Bürgersohn sei noch eine Lehre in der Stadt bestanden habe. Solcher Art waren die Gepflogenheiten der damaligen Zünfte. Die darin waren, boten alles auf, um andere auszuschließen. Watt war jedoch von Dr. Dick, dem Professor der Physik, bereits beauftragt worden, einige mathematische Instrumente der Universität zu reparieren. Und da die Professoren auf dem Areal des Universitätsgebäudes unbedingtes Verfügungsrecht hatten, wurde ihm im Sommer 1757 ein bescheidener Raum im Universitätsgebäude angewiesen, wo er seine Werkstätte einrichten durfte. Auch richtete man ihm einen nach der Straße hin gelegenen Raum als Verlaufsladen ein.

Obgleich Watt wenige Bedürfnisse hatte und sehr sparsam lebte, konnte er doch seinen Unterhalt hier nicht vollständig erwerben. Sein Vater schickte ihm von Zeit zu Zeit Unterstützungen, aber wegen der Verluste, die er erlitten hatte, fiel es ihm schwer.

Nach einem Jahre schrieb der Sohn an den Vater: „Außer mit Hadley's Quadranten ist wenig zu verdienen. Da ich bei anderen Arbeiten fast alles selbst machen muss und man nicht in allem erfahren sein kann, kosten sie mich oft zu viel Zeit." Für die W e l t war das vielleicht g u t . Hätte sein Instrumentenmachergeschäft prosperiert, .so würde Watt wohl als ein guter Q u a d r a n t e n m a c h e r bekannt geworden sein, aber nicht als Erfinder der Kondensations-dampfmaschine. Dadurch, dass sein eigentliches Geschäft nicht prosperierte, war er gezwungen, andere Ziele zu ver-folgen, was ihn schließlich zu der Erfindung brachte, die ihm unsterblichen Ruhm verschaffte.

Zunächst verwandte er einen Teil seiner freien Zeit auf physikalische und chemische Experimente, aber da sie ihm nichts eintrugen, war er genötigt, nach einem Artikel zu suchen, wofür er Abnehmer finden konnte. Obgleich er kein musikalisches Gehör hatte und fast keine Note kannte, folgte er dem Beispiele seines ersten Lehrmeisters und machte Geigen, Flöten und Gitarren. Sein Freund Pro-fessor Dr. Black bestellte, um ihm einen Verdienst zuzu-wenden, eine Drehorgel bei ihm. Sofort studierte er die Harmonielehre von Dr. Smith in Cambridge, machte dann ein Modell und baute darnach eine Orgel, die sehr gut befunden wurde. Dies ermutigte ihn, nun auch die Bestel-lung einer Tastenorgel für die Freimaurerloge zu über-nehmen. Watt war, wie er selbst zu sagen pflegte, immer mit den Arbeiten anderer sowohl wie mit seinen eigenen unzufrieden und sann auf Verbesserungen. So brachte er auch mehrere an dieser Orgel an, und als sie fertig war, erregte sie die Bewunderung der Musiker.

Was ihm bei solchen Arbeiten von freier Zeit übrig blieb, verbrachte er mit Lesen. An Büchern fehlte es ihm nicht, da er die Universitätsbibliothek benutzen durfte und sowohl Professoren als Studierende ihm gern ihre Bücher liehen. Alle wurden durch die geistreichen Instrumente und Modelle in seiner Werkstätte und seinem Laden sowie durch seine leicht dahinfließende, bescheidene und originelle Unterhaltung angezogen, und obgleich er noch sehr jung war, baten doch die Betroffenen bei allen mechanischen Fragen um seinen Rat. Die Schärfe seiner Beobachtung, die Gründlichkeit seiner Kenntnisse und die Bereitwilligkeit, womit er sie anderen mitteilte, erwarben ihm die allgemeine Zuneigung.

Von den Freunden Watts ist keiner so eng mit seiner Lebensgeschichte verbunden als John Robison, der damals in Glasgow studierte und nachher Professor der Physik in Edinburgh wurde. Er hat seine erste Begegnung mit Watt beschrieben. Nachdem er die schön gearbeiteten Instrumente in dessen Laden mir Vergnügen betrachtet hatte, unterhielt er sich mit ihm. Er hatte geglaubt, zu einem einfachen H a n d w e r k e r zu sprechen, und war erstaunt, in ihm einen G e l e h r t e n zu finden. „Ich war eitel genug", sagt Robison, „zu. glauben, dass ich in dem Studium der Mathematik und Mechanik weit gekommen sei, und war schmerzlich berührt, zu sehen, dass Watt viel mehr wusste als ich. Aber seine Freude an solchen Dingen ließ ihn ein Geplauder darüber mit j e d e m genießen und mit angeborener Gefälligkeit ertrug er meine Neugierde und ermutigte mich, einen intimeren Verkehr mit ihm anzuknüpfen. Ich verbrachte viele müßige Stunden bei ihm und war ihm gewiss oft lästig." Ein andermal sagte er von Watt: „Ich habe viel von der Welt gesehen und muss bekennen, dass mir niemals eine zweite Person vorgekommen ist, deren Ü b e r l e g e n h e i t alle anerkannten und der sie d o c h s o a u f r i c h t i g z u g e t a n waren. Denn seine Ü b e r l e g e n h e i t war unter der liebenswürdigsten A u f r i c h t i g k e i t und der bereitwilligsten A n e r k e n n u n g der Verdienste a n d e r e r verborgen. Er war stets bereit, dem

Scharfsinne e i n e s F r e u n d e s Dinge zuzuschreiben, die nur Ausarbeitungen s e i n e r e i g e n e n Andeutungen waren. Ich bin berechtigt, dies zu sagen, weil ich es oft an mir selbst erfahren habe."

Es war im Jahre 1759, als Robison zuerst die Aufmerksamkeit des 23-jährigen Watt auf die Dampfmaschine lenkte. Robison hatte die Idee, einen Wagen durch eine Dampfmaschine zu bewegen. Watt gibt zu, dass er damals sehr wenig von Dampfmaschinen wusste, doch machte er ein Modell von Weißblech nach Robisons Idee. Da dieses den Erwartungen nicht entsprach und Robison noch in demselben Jahre Glasgow verließ, wurde der Plan nicht weiterverfolgt. Da aber Dr. Block, Professor der Chemie, zu jener Zeit Studien über Wasserverdampfung machte und sich oft mit Watt unterhielt, wurde dessen Aufmerksamkeit immer wieder auf diesen Gegenstand gelenkt. Auch wurde um jene Zeit auf der Govan-Kohlengrube bei Glasgow eine N e w c o m e n'sche Dampfmaschine, die z w e i t e in Schottland, aufgestellt, was Watt wohl erfahren haben dürfte. Er hatte n o c h n i e eine solche Maschine gesehen; fand jedoch heraus, dass die Universität ein M o d e l l von einer besitze, das zur Reparatur nach London geschickt, aber nicht zurückgekommen war. Er stellte dem Professor der Naturwissenschaften vor, wie wünschenswert es sei, das Modell zurückzuerhalten, und diesem wurde von dem Senate eine Geldsumme bewilligt, um es auszulösen und kommen zu lassen.

Bei der Newcomen-Dampfmaschine, die nur zum Auspumpen des Wassers aus Bergwerken diente und keine drehende Bewegung erzeugte, wurde Dampf ohne Überdruck in einem besonderen Kessel erzeugt, gelangte durch ein kurzes Rohr mit Ventil in einen darüber stehenden Zylinder unter den darin beweglichen Kolben. Die Kolbenstange war nach oben durch eine Kette mit einem

Newcomen-Dampfmaschine

hölzernen Balancier verbunden, an dessen anderem Ende das Pumpengestänge hing, durch welches das zu fördernde Wasser gehoben wurde. Sobald der Dampf unter den Kolben trat, senkte sich das Pumpengestänge d u r c h s e i n Ü b e r g e w i c h t und der Kolben gelangte in seine höchste Stellung, dann wurde kaltes Wasser unter dem Kolben in den Zylinder eingespritzt. Der Dampf kondensierte sich und in Folge der dadurch entstehenden L u f t l e e r e unter dem Kolben drückte die ä u ß e r e L u f t diesen nieder und verrichtete dabei, die gewünschte Arbeit. Der Kolben bestand aus einer runden Scheibe von Eisen. Auf dieser lag ein Lederring, der sich mit seiner äußeren Kante an der Zylinderwandung rieb und durch einen aufgeschraubten Eisenring festgehalten wurde. Wegen der Mangelhaftigkeit dieser Dichtung wurde der Kolben mit einer Wasserschichte bedeckt, und so viel von dem Wasser zwischen dem Kolben und der Zylinderwandung durchdrang, durch neues ersetzt. Auf weitere Details der Maschine brauchen wir uns hier nicht einzulassen.

Bis das Modell von London ankam, suchte Watt kennenzulernen, was über Dampfmaschinen g e s c h r i e b e n worden war und fuhr mit e i g e n e n E x p e r i m e n t e n über diesen Gegenstand fort. S e i n e e r s t e n Versuchsapparate waren von der aller einfachsten Art. I m J a h r e 1 7 6 1 experimentierte er mit einem kleinen Papinianischen Topfe als Dampfkessel und einer Heberröhre mit Kolben und Hahn und es gelang ihm, mit diesem rohen Apparat, einige wichtige Tatsachen festzustellen, die zur Konstruktion einer H o c h d r u c k dampfmaschine vielleicht genügend gewesen wären, doch war die Herstellung von H o c h d r u c k-Dampfkesseln bei dem damaligen Stande der Technik zu g e f ä h r l i c h. Aus diesem Grunde und weil der Betrieb mit hochgespanntem Dampf t e u r e r erschien als mit solchen von geringer Spannung, wurde der

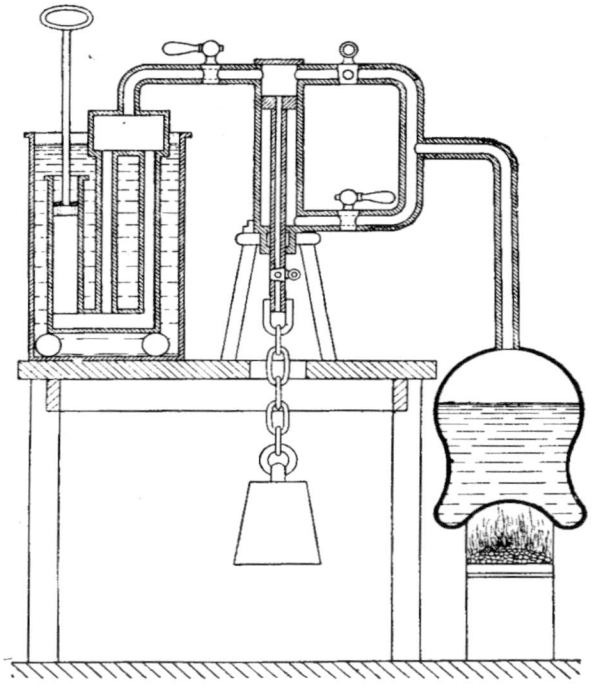

Ein früher Entwurf Watts

Plan einstweilen aufgegeben. Endlich, im Jahre 1763, kam das Modell von London an. Sein Kessel war etwas kleiner als ein gewöhnlicher Teekessel, der Kolben hatte 2″ Durchmesser und 6″ Hub. Es genügte jedoch, um Wart auf eine Fährte des Nachdenkens zu bringen, die zu den wichtigsten Resultaten führte. Als er es repariert und in Gang gesetzt hatte, fand er, dass der Kessel nicht genug Dampf liefern konnte und die Maschine deshalb nach wenigen Kolbenhüben zum Stillstand kam, auch wenn man das Feuer noch so heftig anblies. Gerade dieser Umstand, der einen anderen abgeschreckt haben würde, und der auch wohl dem Londoner Mechaniker zu viel Schwierigkeit gemacht haben mag, regte Watt aufs Stärkste an.

Professor Robison sagt: „J e d e s Ding war für ihn der Anfang eines e r n s t e n S t u d i u m s und ich wusste, dass er nicht davon ablassen würde, bis er entweder seine Nutzlosigkeit bewiesen, oder etwas daraus gemacht haben würde."

Watt zog seine Bücher zu Rat, um festzustellen, wie er das Modell verbessern könne, aber sie gaben keine Auskunft. Darauf begann er mit einer Reihe selbständiger Experimente, um die Aufgabe zu lösen. Dabei .fand er, dass eine gewisse Gewinns-Menge Dampf von 80° Temperatur eine sechsmal so große Wassermenge, die zum Zwecke der Kondensation in den Zylinder gespritzt wurde, auf d i e s e l b e T e m p e r a t u r von 80° erwärmte. Watt sagt: „Überrascht durch diese Tatsache, die ich mir nicht erklären konnte, sprach ich mit meinem Freunde Dr. Black darüber, der mir daraus seine Lehre von der latenten Wärme auseinandersetzte und behauptete, dass er sie mir früher schon einmal erklärt hätte. Aber ich hatte, da ich zu sehr von meinen Geschäftsangelegenheiten in Anspruch genommen war, wenn ich es überhaupt gehört hatte, nicht darauf geachtet, bis ich nun auf eine Erscheinung stieß, wodurch diese schöne Theorie unterstützt wird."

Als Watt so gefunden hatte, dass Dampf gleichsam ein Reservoir für Wärme bildet, war er umso mehr bestrebt, sparsam damit umzugehen. An dem Modell vergrößerte er zunächst die Heizfläche des Kessels und umkleidete alles so viel wie möglich mit schlechten Wärmeleitern, aber ohne genügenden Erfolg. Er fand, dass der g r ö ß t e Wärmeverlust durch die W i e d e r e r w ä r m u n g d e s Z y l i n d e r s entstand, worin der dampf durch kaltes Wasser kondensiert wurde und dass ⅘ des einströmenden Dampfes sich hier kondensierte, ehe der Rest auf den Kolben wirkte. Er erkannte es daher als erstes Erfordernis einer vollkommenen Dampfmaschine, d a s s d e r Z y l i n d e r i m m e r s o w a r m b l e i b e n m ü s s e w i e d e r e i n t r e t e n d e D a m p f. Aber e b e n s o notwendig war, dass der Dampf, um sich vollständig zu k o n d e n s i e r e n, auf weniger als 30° R. abgekühlt würde. Diese Bedingungen g l e i c h z e i t i g zu erfüllen, erschien anfangs unmöglich.

Wir müssen für einen Augenblick die Weiterentwicklung von Watts Feinmechanikergeschäft betrachten. Sein Laden in dem Universitätsgebäude erwies sich als zu abgelegen. Einen besser gelegenen Laden zu mieten, überstieg seine Geldmittel. Er assoziierte sich daher um 1760 mit einem Mr. Craig, der die Geschäftsbücher führte, und Ende 1764 hatte sich das Geschäft so vergrößert, dass es 16 Arbeiter beschäftigte und Watt etwas Geld zurücklegen konnte. In diesem Jahre verheiratete er sich und das heitere Temperament seiner Frau hatte auf ihn, der oft an nervösen Kopfschmerzen litt und zur Melancholie hinneigte, einen wohltätigen Einfluss.

Er setzte seine Studien über die Dampfmaschine fort, vernachlässigte aber sein eigentliches Geschäft nicht. Er erfand ein Instrument zum perspektivischen Zeichnen, wovon er viele Exemplare absetzte. In Betreff der Dampfmaschine tappte er (um seine eigenen Worte zu gebrau-

chen) lange Zeit im Dunkeln, von vielen Irrlichtern irrege-
leitet. Endlich wurde es Licht. In einem Briefe erzählt er:

„An einem schönen Sonntagnachmittag ging ich spa-
zieren. Ich dachte über meine Maschine nach und mir
kam der Gedanke, dass der Dampf als elastischer Körper
in einen luftleeren Raum rasch einströmen würde. Wenn
daher zwischen dem Dampfzylinder und einem luftleer
gemachten Gefäß eine Verbindung hergestellt würde,
so würde er rasch hineinströmen und darin kondensiert
werden können, ohne dass der Zylinder abgekühlt würde.
Ich sah dann ein, dass ich den kondensierten Dampf und
das Einspritzwasser ebenso wie bei der Newcomen-Maschine wegschaffen müsse, und es kamen mir zwei Wege
in den Sinn. Erstlich könne das Wasser durch eine Röhre
abfließen, wenn der Ausfluss in einer Tiefe von 35 bis 36'
erfolgen könne, und etwaige Luft könne dann durch eine
kleine Pumpe entfernt werden. Der zweite Weg war, eine
Pumpe zu machen, groß genug, um das Wasser mit der
Luft zusammen herauszuschaffen. Ich war noch nicht viel
weiter gegangen, als die Sache in meinem Geiste feststand."

Große, fruchtbringende Gedanken scheinen nachträg-
lich immer so einfach, dass wir geneigt sind, uns darüber zu
wundern, dass sie nicht sogleich gefunden wurden. Watt in
seiner Bescheidenheit sagte in späteren Jahren selbst, wenn
man die Sache näher betrachte, sei seine Erfindung nicht
so groß, wie es scheine. Die Nachwelt ist gerechter gegen
ihn gewesen. Seine epochemachende Erfindung war keine
zufällige Entdeckung, sondern die Frucht eingehender
Studien und angestrengtesten Nachdenkens.

Am anderen Morgen begann er, einen Versuchsapparat
zu machen und dieser bewies die Richtigkeit seiner neuen
Idee, aber viele arbeitsvolle Jahre sollten noch vergehen,
bis alle Details seiner Kondensationsdampfmaschine
gehörig ausgearbeitet waren.

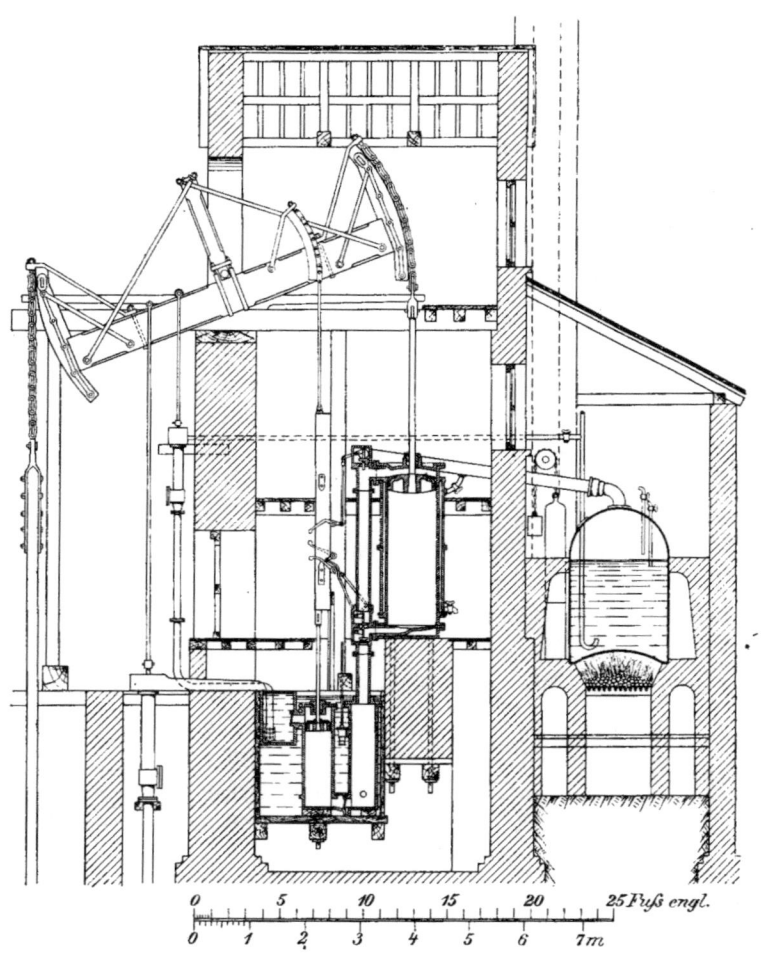

Die erste Watt' sche Maschine um 1775

Watt sah ferner ein, dass bei der Newcomen-Maschine auch die den Kolben niederdrückende Luft dazu beitrug, den Zylinder abzukühlen. Um dies zu vermeiden, versah er den Zylinder mit einem Deckel, um den Kolben anstatt durch atmosphärische Luft durch Dampf niederdrücken zu lassen. War dies geschehen, so wurde eine Verbindung zwischen den Räumen über und unter dem Kolben hergestellt, sodass der Dampfdruck nun auf beiden Seiten des Kolbens gleich war und das Übergewicht des Pumpengestänges den Kolben hob. Alsdann wurde der nun unter dem Kolben befindliche Dampf in den Kondensator gelassen und neuer Dampf über dem Kolben aufgegeben, der den Kolben wieder niederdrückte. Aus der atmosphärischen Maschine Newcomes wurde dadurch eine einfachwirkende, eigentliche Dampfmaschine, bei der der Dampfdruck jedoch vorerst nicht größer war als der der atmosphärischen Luft.

Endlich, um den Zylinder noch besser vor Abkühlung zu schützen, brachte Watt einen Dampfmantel an, d.h. er machte den Zylinder doppelwandig und ließ zwischen die beiden Zylinderwände Dampf einströmen. Auch brachte er zum Schmieren und völligen Dichten des Kolbens Öl in den Zylinder, während Newcomen zu diesem Zwecke Wasser angewendet hatte.

Alle diese Verbesserungen resultierten aus dem einen Grundsatze: Die Zylinderwandung muss auf der Temperatur des einströmenden Dampfes erhalten werden. Bekanntlich sind die allerneuesten sogenannten Compound-Dampfmaschinen auch nur durch eine weitere Verfolgung dieses ersten Watt'schen Grundsatzes entstanden.

Zunächst musste nun ein Modell von der neu erdachten Maschine gemacht und diese Arbeit möglichst geheim gehalten werden, um Nachahmungen vorzubeugen. Matt mietete einen Kellerraum, in dem er eifrigst ans Werk ging.

Aber wie den meisten erfinderischen Köpfen war ihm, was er gemacht hatte, immer nicht gut genug und das verzögerte die Fertigstellung. Anderenteils konnte er keinen geeigneten Arbeiter zur Ausführung seiner Pläne finden. Er selbst war Feinmechaniker und konnte mit mechanischen Arbeiten im Große und ganzen nicht umgehen. Die einzigen Arbeiter, deren Hülfe er in Glasgow in Anspruch nehmen konnte, waren Schmiede, Schlosser und Spengler von geringer Geschicklichkeit. Das erste Modell war deshalb sehr mangelhaft, doch genügte es, die Überlegenheit der neuen Konstruktion erkennen zu lassen. Watt musste die Sache weiter verfolgen. Er schrieb um diese Zeit an einen Freund: „Alle meine Gedanken sind nur auf diese Maschine gerichtet, ich kann nichts anderes denken."

Er mietete nun auf einem abgelegenen Terrain eine verlassene Töpferei und schloss sich dort mit einem Assistenten, John Gardiner, ein, um eine Versuchsmaschine von 5 bis 6″ Zylinderdurchmesser und 2′ Hub zu bauen. Nach 2 Monaten angestrengter Arbeit war sie fertig und wurde in Gang gesetzt, zeigte sich aber überall undicht. Der Zylinder war nicht ausgebohrt, sondern nur aus Blech gehämmert. Die gesamte mechanische Künstlerschaft Glasgows war damals nicht imstande, den einfachsten Zylinder auszubohren, Newcomens Wasserdichtung aber konnte in dem geschlossenen Dampfzylinder nicht angewendet werden, zumal er heiß bleiben sollte. – Während Watt auf neue Mittel sann, um diesen Übelständen abzuhelfen, starb sein geschicktester Arbeiter, ein alter Spengler. Doch war er entschlossen, weiter zu arbeiten.

Aber wo sollte er Mittel dazu finden? Er selbst war ein verhältnismäßig armer Mann und hatte schon z u v i e l auf seine Versuche verwendet. Sein Freund Dr. Black interessierte sich zwar lebhaft hierfür und hatte ihm schon öfters mit kleinen Summen ausgeholfen, aber auch seine Mittel waren zu beschränkt, um mehr tun zu können. Black dachte darüber nach, ob er Watt nicht einen geeigneten Associé verschaffen könne, und glaubte endlich, in Dr. Roebuck, dem Gründer der Carron-Eisenwerke, die richtige Person hierfür gefunden zu haben. Dieser betrieb eine Kohlengrube, bei der er bedeutende Schwierigkeiten hatte, das Wasser fernzuhalten. Eine Newcomen-Maschine, die er aufgestellt hatte, hatte sich als ziemlich nutzlos erwiesen. Als ihm daher Dr. Black von Watts verbesserter Dampfmaschine sprach, interessierte er sich sehr dafür und begann mit Watt zu korrespondieren, indem er ihn ermahnte, seine Erfindung so rasch als möglich vorwärts zu bringen. Im November 1766 schickte ihm dieser detaillierte Zeichnungen von einem Dampfzylinder und Kolben, die auf den Carron-Eisenwerken gegossen werden sollten. Sie wurden so g u t gemacht, wie es auf dem Eisenwerke nur m ö g l i c h war, und mussten doch als unbrauchbar beiseitegelegt werden.

Um diese Zeit schrieb Matthew Boulton von Birmingham an Dr. Roebuck und erkundigte sich über Dampfmaschinen.

Birmingham ist ein uralter Sitz der Eisen- und Metallindustrie. Schon 1538 werden seine Messer- und Nagelschmiede rühmend erwähnt. Als die Geschicklichkeit der Arbeiter wuchs, gab man die g e w ö h n l i c h e n Schmiedearbeiten auf und wandte sich f e i n e r e n Metallarbeiten zu. In der Zeit, wovon wir reden, war diese Geschicklichkeit s e i t J a h r h u n d e r t e n vom Vater auf den Sohn vererbt und ausgebildet worden. An k e i n e m a n d e r e n Orte waren Leute zu finden, die s o f ä h i g gewesen wären, N e u e s richtig auszuführen.

Matthew Boulton, geb. 1728, dessen Vater ein Metallwarengeschäft betrieb, führte schon in seinem 17. Lebensjahre wesentliche Verbesserungen in der Fabrikation von

Metallknöpfen, Uhrketten u. dergl. ein, worauf ihn sein Vater als Geschäftsteilhaber annahm. Er war stets bestrebt, nur vorzügliche Fabrikate zu liefern und das damals zweifelhaft gewordene Renommee der Birminghamer Waren zu heben. 1759 starb sein Vater und hinterließ ihm ein beträchtliches Vermögen, auch heiratete er eine reiche Dame, sodass er nicht mehr nötig gehabt hätte, ein Geschäft zu treiben. Aber er fand sein Vergnügen in rastloser Tätigkeit und nahm sich vor, sein Geschäft zu dem ersten seiner Zeit zu erheben. Zu diesem Zwecke kaufte er das Landgut Soho, zwei englische Meilen nördlich von Birmingham, und errichtete dort seine Fabrik in großem Maßstabe. Er nahm einen Teilhaber, John Fothergill, der nur wenig Vermögen hatte, nur wegen seiner Kenntnis ausländischer Märkte an. Sein Geschäft wurde bald durch solide Arbeit und als Stätte wahrer Kunstindustrie weit berühmt. 1770 beschäftigte er 700 bis 800 Arbeiter und zwei Wassermühlen zum Walzen, Drehen, Polieren und Schleifen. Die vornehmsten und berühmtesten Männer aus allen zivilisierten Staaten besuchten das Etablissement und wurden von Boulton stets glänzend bewirtet. Es scheint jedoch, dass er sein Geschäft zu rasch ausdehnte, denn schon 1772, als ein Herr Tonson in London starb, der ihm 10 000 £ (d.s. allerdings 200 000 M.) geliehen hatte, fiel es ihm schwer, diese zurückzuzahlen.

Bei dem Anwachsen des Geschäftes erwies sich die vorhandene Wasserkraft als ungenügend. Sechs bis zehn Pferde wurden zur Beihülfe eingestellt, aber man fand ihre Verwendung sehr unbequem. Im Februar und März 1766 korrespondierte deshalb Boulton mit Benjamin Franklin, der acht Jahre zuvor seine Fabrik besucht hatte und sich zu jener Zeit in London befand, über Dampfkraft, fertigte auch ein Modell von einer Dampfmaschine nach seiner eignen Idee an und sandte es an Franklin zur Prüfung.

Unter anderem schrieb er auch um diese Zeit an Dr. Roebuck und richtete die vorhin erwähnte Anfrage an ihn, worauf er Nachricht von Watts Erfindung erhielt und den Wunsch äußerte, dass dieser ihn besuchen möge.

Watt hatte inzwischen seinen Teilhaber im Feinmechanikergeschäfte verloren. Dieses war zurückgegangen, und um den Unterhalt für seine Familie zu erwerben, entschloss er sich, es ganz aufzugeben und als G e o m e t e r und Z i v i l i n g e n i e u r sein Brot zu erwerben. Er erhielt als solcher auch Aufträge, sowohl von der Gemeinde als von Privaten. Unter anderem arbeitete er das Projekt zu einem Kanale zwischen den Flüssen Clyde und Forth aus und reiste in dieser Angelegenheit 1767 nach London. Auf der Rückreise besuchte er Soho.

Boulton war gerade abwesend, aber Dr. Small, der sich als praktischer Arzt in Birmingham niedergelassen und großen Ruf erlangt hatte, zeigte ihm die Werke. Watt war erstaunt über deren Einrichtungen und erkannte das große O r g a n i s a t i o n s t a l e n t ihres Besitzers. Auch überzeugte er sich von der Ü b e r l e g e n h e i t d e r A r b e i t e r im Vergleiche zu denen in Glasgow. Eine Unterhaltung über Dampfkraft muss zwischen ihm und Dr. Small auch stattgefunden haben, denn dieser schrieb kurze Zeit darauf an ihn und forderte ihn auf, nach Soho zu kommen und sich mit ihm und Boulton zum Zwecke der Fabrikation von Dampfmaschinen zu assoziieren. Vermutlich war dies die Veranlassung dazu, dass Dr. Roebuck seinem Birminghamer Korrespondenten zuvorkam. Er zahlte die Schulden, die Watt zur Ausarbeitung seines Projektes bis dahin gemacht hatte, im Betrage von 1000 £, und versprach, ihn auch mit den nötigen Mitteln zur F o r t s e t z u n g seiner Versuche und zur E r l a n g u n g d e s P a t e n t e s für die Maschine zu versehen, wofür ihm von Watt z w e i D r i t t e l des Eigentumsrechtes daran zugesagt wurden.

Zu Anfang des Jahres 1768 machte dieser Versuche mit einem Modell von 7 bis 8″ Zylinderdurchmesser, aber die Resultate waren zunächst unbefriedigend. Dr. Roebuck wurde ungeduldig. Nach etwa einem Monate gelang es Watt, das Modell dahin zu bringen, dass es zu seiner Zufriedenheit arbeitete, und er teilte dies seinem Teilhaber mit den Worten brieflich mit: „Ich gratuliere Ihnen von Herzen zu diesem guten Erfolge und hoffe, dass er Ihnen Erfüllung der Verbindlichkeiten bringen wird, die ich gegen Sie habe." Beide beschlossen nun, sofort ein Patent zu nehmen. Watt reiste nach Berwick, um bei dem zuständigen Beamten die nötigen Erklärungen zur Erlangung eines v o r l ä u f i g e n S c h u t z e s abzugeben, und im August 1768 finden wir ihn in London zur Betreibung seiner P a t e n t angelegenheit. Die vielen Formalitäten, die hier erfüllt, und die hohen Spesen, die bezahlt werden mussten, erschöpften seine Geduld und er schrieb in der melancholischsten Stimmung an seine Frau. Diese aber antwortete: „Ich bitte dich, mache dir keine Sorgen, wenn auch die Dinge nicht s o gehen, wie du es wünscht. Geht's mit der Maschine nicht, so wird es mit etwas a n d e r e m gehen. Nur verzweifle nicht!"

Er empfing auch einen Brief von Dr. Small, der ihm schrieb: „Nehmen Sie Ihr Patent, kommen Sie nach Birmingham und bleiben Sie so lange da, wie sie können." Dieser Einladung leistete er Folge und sah zum ersten Mal Boulton. Beide fassten sofort eine herzliche Zuneigung zu einander, sie sprachen viel über die Maschine und es freute Watt, dass ein so scharfsinniger, praktischer Fabrikant sich günstig darüber aussprach. Trotz alledem konnte er seine Mutlosigkeit nicht abschütteln und nahm sie mit nach Hause. Als kurz darauf Dr. R o b i s o n nach Sohn kam, sagte Boulton zu ihm, wenn er auch angefangen habe, eine Pumpmaschine zu konstruieren, so sei er doch entschlossen, damit n i c h t fortzufahren, b e v o r der Erfolg oder Misserfolg von Watt und Roebucks Maschine erwiesen sei.

„Wenn ich meine projektierte Maschine weiter ausführen wollte," sagte er, »müsste ich das benutzen, was ich aus der Unterhaltung mit Herrn Watt gelernt habe, und das würde ohne seine Erlaubnis n i c h t   r e c h t sein."

Boultons Verhalten in diesem Falle ist durchaus c h a r a k t e r i s t i s c h für ihn und gibt ein Bild von seiner u n w a n d e l b a r e n   E h r e n h a f t i g k e i t. Watt unterhielt eine Korrespondenz mit Boulton und Dr. Small über die Fortschritte seiner Erfindung. Letzteren bat er wiederholt, Boulton zu veranlassen, sich mit ihm und Roebuck zu assoziieren, aber Boulton war zurzeit zu sehr von seinen e i g e n e n Geschäften in Anspruch genommen, um ernstlich auf diesen Plan einzugehen.

Im Gegensatze zu Watt war der sanguinische Dr. Roebuck durch das gute Arbeiten des Modells begeistert und voller Ungeduld, die Erfindung in die Praxis einzuführen. Er schrieb im Oktober an Watt: „Sie lassen jetzt den wichtigsten Teil Ihres Lebens unversehens verstreichen. Kein Tag, kein Augenblick sollte verloren werden! Sie sollten Ihre Gedanken weder durch irgendeinen a n d e r e n noch durch weitere V e r b e s s e r u n g e n   d i e s e s Gegenstandes ablenken lassen, sondern auf schleunigste Ausführung einer Maschine von geeigneter Grüße nach Ihrem jetzigen Plane bedacht sein."

Watt aber hörte nicht auf, zu v e r b e s s e r n. Er machte Versuche mit Röhren- und Plattenkondensatoren, neuen Kolbendichtungen, Luftpumpen, Speisepumpen, Ölpumpen, Ventilen, Schiebern usw. Roebuck fing an zu fürchten, dass die Erfindung niemals zum A b s c h l u s s e kommen werde. In seinen späteren Jahren sagte Watt einmal zu einem Bewunderer seiner Dampfmaschine: „Das Publikum sieht nur meinen E r f o l g, aber nicht die vorhergegangenen Misserfolge und rohen Konstruktionen, die mir als so viele S p r o s s e n dienten, worauf ich zum Gipfel der Leiter gelangte."

Die Abfassung seiner Patentschrift zeugte von seinen umfassenden Studien. Er beleuchtet darin seinen Gegenstand von allen Seiten. Er sah alle Verwendungsarten des Dampfes voraus. Hochdruckdampfmaschinen sah er für den Fall vor, dass es an Wasser zur Kondensation fehlen sollte, Expansion zur Dampfersparnis. Anfangs 1769 wurde die Patentschrift eingereicht.

Watt ging nun daran, zu Kinneil, dem Wohnorte von Dr. Roebuck, eine Versuchsmaschine nach seiner Patentbeschreibung zu bauen. Aber, um den Unterhalt seiner Familie bestreiten zu können, hatte er bereits früher die Vermessungsarbeiten für einen Kanal von Monkland nach Glasgow ausgeführt und jetzt auch dessen Ausführung zu leiten. Er sicherte sich dadurch wenigstens für einige Zeit ein Einkommen von 200 £ jährlich. Wegen dieser Beschäftigung konnte er nur mit häufigen Unterbrechungen den Arbeiten in Kinneil beiwohnen. Auch wegen der Ungeschicklichkeit der Arbeiter schritten sie nur langsam voran und verursachten ihm viel Sorgen und schlaflose Nächte. Als die Maschine endlich nach sechsmonatiger, anstrengender Tätigkeit Watts fertig wurde, musste er sie als eine t ö l p e l h a f t e Arbeit bezeichnen und dementsprechend funktionierte sie s c h l e c h t. „Sie können sich nicht denken", schrieb er an Dr. Small, „wie p e i n l i c h ich durch diese Enttäuschung berührt bin. Es ist ein v e r - d a m m t e s Ding für einen Menschen, wenn sein A l l e s an einem Faden hängt. Wenn ich die Verluste bezahlen könnte, würde ich einen Misserfolg nicht so sehr fürchten, aber ich kann den Gedanken nicht ertragen, dass a n d e r e durch m e i n e Projekte Verluste erleiden sollen, und ich habe die schöne Gabe, alles schwarz zu sehen." Dr. Small schlug vor, Watt möge Zeichnungen von seiner Maschine nach Soho schicken und Boulton und er wollten ihr Möglichstes tun, um eine fertig zu stellen und ihre Arbeitskraft beweisen. Watt willigte ein.

Um diese Zeit kam Dr. Roebuck in Geldverlegenheiten. Seine Kohlegruben waren unter Wasser und Ruin drohte, ehe Watts Maschine ihm zu Hülfe kommen konnte. Er wurde so sehr um Geld gedrängt, dass er die Kosten von Watts Patent nicht decken konnte, wie er versprochen hatte. Watts treuer Freund Dr. Black half diesem wieder aus der Verlegenheit. Watts Schulden wuchsen aber dadurch noch mehr und er schrieb an Dr. Small: „Es gibt nichts T ö r i c h -
t e r e s im Leben, als zu e r f i n d e n." Und am 31. Januar 1770 schrieb er: „Heute trete ich mein 35. Lebensjahr an und ich glaube, ich habe der Welt noch nicht für 35 Pfennige genützt, aber ich kann es nicht ändern." Er konnte seinem inneren Drange nicht widerstehen und war unaufhörlich mit Erfindungen aller Art beschäftigt, dir wir nicht aufzählen wollen, weil sie mit der Erfindung der Dampfmaschine in keinem Zusammenhang stehen. Doch dürfte es vielleicht für viele von Interesse sein, zu erfahren, dass Watt um diese Zeit das Kopieren von Briefen mit der Kopierpresse erfand. Die versprochenen Zeichnungen einer Dampfmaschine schickte er anfangs 1770 nach Soho. Dort ging man sofort an die Ausführung. Modelle wurden gemacht und zum Abgusse nach Coalbrookdale geschickt, aber die Abgüsse fielen so schlecht aus, dass man sie beiseite stellen musste. In einer zweiten Gießerei hatte man keinen besseren Erfolg. Die Teile zu der Maschine kamen zwar endlich zusammen, aber noch ehe sie zusammengestellt werden konnten, brach Roebucks Konkurs aus.

Dieser schuldete u.a. 1200 £ an Boulton, der sich erbot, an Stelle dieser Summe Roebucks Anteil an Watts Dampfmaschinenpatent zu übernehmen. Die übrigen Gläubiger hatten nichts dagegen einzuwenden, weil sie dem Patent k e i n e n Wert zuschrieben, und Watt sagte s e l b s t, es würde nur e i n e schlechte Forderung durch eine a n d e r e schlechte gedeckt werden.

Boulton schrieb an Watt, dass er keine sanguinischen Hoffnungen für den Erfolg der Maschine hege, da er aber in der Probierkunst geübt sei, wolle er sie auf ihren Goldgehalt prüfen. Er fügte hinzu: „Sie ist setzt ein S c h a t t e n, eine bloße I d e e, und es wird Z e i t und G e l d kosten, etwas daraus zu machen. Wir haben noch keinen Versuch damit gemacht, denn die Zeiten sind so schrecklich schlecht, dass ich meine Gedanken nicht frei genug hatte, um an n e u e P l ä n e deuten zu können."

Sobald Boulton und Dr. Roebuck sich darüber verständigt hatten, packte Watt die Maschine in Kinneil zusammen und schickte sie nach Soho. Dr. Small drängte ihn wiederholt, dorthin überzusiedeln, um die Arbeiten an den Dampfmaschinen selbst zu überwachen, aber er musste zuvor die übernommenen Vermessungsarbeiten für den Kaledonischen Kanal beendigen. Dies geschah im Herbste 1773 in einer unwegsamen Gegend. „Unaufhörlicher Regen", sagt Watt« „durchnässte mich drei Tage lang, wie Wasser es nur tun kann. Ich konnte kaum mein Journal retten." Mitten in dieser trübseligen Arbeit wurde er durch die Trauerbotschaft abgerufen, dass seine Frau gefährlich erkrankt sei. Er eilte nach Hause und fand sie tot. Von allen Schicksalsschlägen, die ihn getroffen halten, empfand er diesen am schmerzlichsten. Noch geraume Zeit darnach, wenn er seine Schwelle betrat, blieb er stehen und konnte den Mut nicht finden, die Räume zu betreten, woraus sein Trost und die Freude seines Lebens gewichen war. „Und doch", sagte er in einem Briefe an Dr. Small, „hätte dieser Schlag mich zu einer anderen Zeit treffen können, wo ich weniger fähig gewesen wäre, ihn zu ertragen, und meine

Kinder würden dann der Barmherzigkeit der Welt überlassen gewesen sein." Er suchte seine Sorgen in vermehr-
ter Arbeit zu vergessen, aber sein Unglück drohte ihn zu
überwältigen. Seine Dampfmaschine, die er als die Ursa-
che seines Unglücks fast v e r f l u c h t e, machte keine wei-
teren Fortschritte. Dr. Roebuck wurde als ruinierter Mann
seinen Gläubigern überantwortet. „Mein Herz blutet für
ihn", sagte Watt, „aber ich kann nichts für ihn tun. Ich habe
so lange bei ihm ausgehalten, dass ich mir selbst dadurch
schadete."

Endlich im Frühjahr 1774 hatte Watt seine Vermessungsarbeiten in Schottland vollendet und reiste im Mai nach
Birmingham. Die von Kinneil gekommenen Maschinenteile wurden so rasch als möglich von Boultons geschick-
ten Leuten unter Watts Anleitung verbessert und wieder
zusammengesetzt und die Maschine arbeitete v i e l   b e s -
s e r als zuvor.

Sechs Jahre von den vierzehn, für die das Patent dauerte,
waren indes schon verflossen und wie v i e l Zeit war noch
erforderlich, bis man Kapitalisten und Industrielle von dem
praktischen Nutzen der Erfindung überzeugen konnte?
Es war nicht unwahrscheinlich, dass das Patentrecht eher
verlöschen würde. Deshalb zögerte Boulton, die nötigen
Summen für die Beschaffung von Gebäuden, Maschinen
und Werkzeugen zur Fabrikation von Dampfmaschinen zu
bewilligen. Anfangs 1775 schickte er Watt nach London,
um sich zu erkundigen, ob es möglich wäre, eine beträcht-
liche Verlängerung der Patentdauer einzureichen. Nach
Watts Rückkehr erklärten sich Boulton und Small damit
einverstanden und er ging ein zweites Mal nach London,
um die Eingabe dort ausarbeiten zu lassen. Kaum war er
dort angekommen, so erreichte ihn die Trauerbotschaft,
dass Dr. S m a l l gestorben sei. Er war lange kränklich
gewesen, sein Tod aber war ein harter Schlaf für Watt und

Boulton. Er war bei allem zu Rate gezogen worden und hatte sich an dem Dampfmaschinengeschäfte beteiligen wollen, aber es war noch zu keinen festen Abmachungen gekommen, auch nicht zwischen Boulton und Watt. Alles hing von dem Erfolge der Eingabe um Verlängerung des Patentes ab.

Diese wurde am 28. Februar 1775 dem Parlamente vorgelegt und begegnete h e f t i g e r O p p o s i t i o n. Die Grubenbesitzer wollten, dass die Erfindung sobald als möglich freigegeben werde und protestierten laut gegen das „Monopol", wie sie die Verlängerung des Patentes nannten. Watt legte die Schwierigkeiten dar, womit er zu kämpfen gehabt hatte, und dass er für seine vieljährigen, aufreibenden Bemühungen zum Besten der Allgemeinheit keinen Lohn erwarten könne, wenn ihm nicht durch Verlängerung des Patentes die nötige Zeit vergönnt werde, seine Erfindung zu vollenden und diejenigen, welche ihrer bedürfen, von deren Vorzügen zu überzeugen. Seine Darlegungen verfehlten auf b i l l i g d e n k e n d e Männer ihre Wirkung nicht und sein Patentrecht wurde bis zum Jahre 1800 verlängert.

Zuvor war ein definitives Abkommen mir Dr. Roebuck noch nicht getroffen worden. Man einigte sich nun dahin, dass Boulton ihm für seinen Patentanteil von zwei Drittel noch 1000 £ von den ersten G e w i n n e n ausbezahlen sollte; um die beständig drängenden Gläubiger Roebucks loszuwerden, zahlte Boulton aber in der Folge diese Summe schon, e h e ihm aus der Verbindung mit Watt G e w i n n e r w a c h s e n war.

Dieser kehrte von London nach Birmingham zurück.

Während seiner Abwesenheit war Boulton mit Versuchen an der vorhandenen Maschine eifrigst beschäftigt gewesen. Ein neuer 18-zölliger Zylinder war von dem berühmten Eisengießer John Wilkinson in Bersham dafür gegossen worden und dieser hatte auch eine Maschine konstruiert, um ihn richtig a u s z u b o h r e n. Der Zylinder war an die Stelle des alten von Kinneil gesetzt und nach mehreren anderen Verbesserungen war die Maschine mit s e h r b e f r i e d i g e n d e m E r f o l g e in Gang gesetzt worden. Watt fand deshalb und wegen der glücklich erreichten Verlängerung des Patentes bei seiner Rückkehr Boulton in bester Laune und es wurden sofort die nötigen Vorkehrungen zur Fabrikation der Dampfmaschine getroffen. Anfragen und Bestellungen aus den Bergwerkdistrikten folgten bald und nach kurzer Zeit war die Dampfmaschinenfabrik von Soho in Tätigkeit.

Die e r s t e Maschine, die gebaut wurde, war für obengenannten John Wilkinson zum Betriebe seiner Blasbälge bestimmt. Anfangs 1776 wurde sie fertig zum Gebrauche. Je n ä h e r dieser Zeitpunkt kam, desto ä n g s t l i c h e r wurde Watt, zumal gar viel von deren Leistung abhing. Aber Boulton schrieb ihm, er möge n i c h t s ü b e r e i l e n, die Maschine nicht e h e r in Gang setzen, als bis jedes denkbare Hindernis beseitigt wäre, dann aber in Gottes Namen f r i s c h d r a u f l o s l e g e n. Die außerordentliche Sorgfalt, die man der Maschine hatte angedeihen lassen, wurde belohnt. Sie erregte die Bewunderung aller, die sie sahen, und der Ruhm der Firma Boulton & Watt wurde groß in M i t t e l-England.

Nach Watts Rückkehr ging Boulton nach London. Dort hatte sich in Ingenieurkreisen das Gerücht verbreitet, die neue Maschine habe sich nicht bewährt. Namentlich die Gesellschaft der Ingenieure in Holborn, wovon der berühmte Smeaton der Führer war, behauptete, dass k e i n e Werkzeuge und k e i n e Arbeiter imstande seien, eine s o k o m p l i z i e r t e u n d d i f f i z i l e Maschine mit genügender Genauigkeit auszuführen. Boulton drängte daher darauf, dass die in Arbeit befindliche Maschine für eine Branntweinbrennerei nahe bei London rasch fertig gestellt werde.

Im Laufe des Sommers verlobte sich Watt, der nun 40 Jahre alt war, zum zweiten Male und zwar mit der Tochter eines Färbers, namens Mc. Gregor in Glasgow. Der Vater der Braut verlangte den Geschäftsvertrag zwischen Boulton & Watt zu sehen, ehe er seine Einwilligung gab, und es zeigte sich, dass keiner existiere. Als aber Watt dem mündlichen Übereinkommen zwischen ihm und Boulton gemäß einen aufsetzte, unterschrieb ihn dieser sofort.

Von Schottland brachte Watt wieder mehrere Bestellungen mit. Wenn es aber dem jungen Etablissement nicht an Aufträgen fehlte, weil der Ruf der neuen Dampfmaschine sich rasch über alle zivilisierten Staaten verbreitete, so fehlte es auch nicht an Schwierigkeiten. Watt musste alle Zeichnungen s e l b s t machen, überall nachsehen und s e l b s t Hand anlegen. Die alten Arbeiter von Soho und Birmingham waren zwar verhältnismäßig gut, aber ihre Zahl sehr bald nicht mehr genügend. U n g e s c h u l t e Kräfte mussten angenommen und erst h e r a n g e b i l d e t werden. Dann aber begann die Schwierigkeit, sie zu h a l t e n. Zwei Monteure, die man nach London geschickt hatte, wurden von russischen Agenten bearbeitet, nach Russland zu gehen. Französische Agenten suchten mehrere der besten Arbeiter nach Paris zu locken und auch deutsche Emissäre drängten sich zu ähnlichen Zwecken in die Fabrik. Dazu kam die Unkenntnis und Unzuverlässigkeit der Leute, welche als W ä r t e r bei den a b g e l i e f e r - t e n Maschinen funktionierten. Watt lieferte von Anfang an E x p a n s i o n s dampfmaschinen, aber später sagte er zu Robert Hart: „Wir lieferten f r ü h e r den Zylinder d o p - p e l t so groß als nötig und schnitten den Dampf beim h a l b e n Hube ab, wodurch viel Dampf gespart wurde, aber wenn unsere Leute fort waren und die Maschine dem

Wärter überlassen war, wollte dieser oft ihre Leistung vermehren, indem er mehr D a m p f aufgab. Die Maschine leistete dann mehr, solang Dampf da war, aber der Kessel konnte ihn auf die Dauer nicht liefern. Dann kamen Klagen und wir mussten nachsehen lassen. Dies war so kostspielig, dass wir uns entschlossen, die Expansion w e g z u l a s s e n, bis wir W ä r t e r bekommen würden, die etwas davon v e r s t ü n d e n."

Mitte 1777 lieferten Boulton & Watt die erste Dampfmaschine in die an Bergwerken sehr reiche Grafschaft Cornwall. Da von deren guter Leistung die Bestellungen vieler anderer Grubenbesitzer abhingen, leitete Watt s e l b s t die Aufstellung. Er begegnete dort vielen üblen Nachreden, als aber die Maschine in Gang gesetzt wurde, arbeitete sie mit solcher Macht, dass sie verstummen mussten. Doch setzte Watt in dem Briefe, worin er dies meldete, zu: „Ich habe die Maschine ein- oder zweimal so reguliert, dass sie g a n z g e r ä u s c h l o s arbeitete, aber der Besitzer der Maschine kann nicht schlafen, wenn sie nicht t o b t, und deshalb habe ich sie dem Maschinenwärter überlassen. Der L ä r m erweckt bei den Unwissenden die Idee von K r a f t."

Nach seiner Rückkehr häufte sich für ihn die Arbeit so, dass er an seinen Partner schrieb: „Ein wenig mehr von dieser Hast und diesen Ärgernissen wird mich zugrunde richten." Im Juni 1778 waren sieben von zehn nach Cornwall bestellten Maschinen fertig. Watt reiste dorthin, musste von einer Grube zur andern reiten und wurde überall mit Klagen und Scheltworten wegen zu langsamer Lieferung und Aufstellung empfangen.

Eine andere Quelle der Angst waren große G e l d - verlegenheiten, in die die Firma geriet. Boulton hatte z u v i e l unternommen. Das Dampfmaschinengeschäft hatte bis jetzt nur Kapitalz u s c h ü s s e gefordert und es waren im Allgemeinen die denkbar schlechtesten Geschäftszeiten. Boulton schrieb an Watt, er solle sich Wechsel für die nach Cornwall gelieferten Maschinen geben lassen, aber die Besteller wollten nichts davon hören, weil die Maschinen noch nicht fertig aufgestellt waren. Boulton schlug dann vor, Watt solle sich von einem Bankhause in Cornwall einen Vorschuss auf die dort lagernden Maschinenteile geben lassen, aber Watt schrieb zurück: „Das kann ich nicht, weil das Bekanntwerden unserer Lage unseren Kredit erschüttern würde. Auch ist niemand vorsichtiger als ein kornischer Bankier. Soweit ich es beurteilen kann, würde keiner auch nur 500 £ auf einen Pfandschein leihen." Nach vieler Mühe gelang es Boulton, 7000 £ gegen Sicherheit von einem Herrn Wiß und einen Kredit von 14 000 £ gegen Verpfändung von Einkünften, die aus dem Patentrechte erwuchsen, von einem Londoner Bankhause zu erlangen. Aber wenn auch der Kredit der Firma dadurch gerettet war, so drückten doch die eingegangenen Verbindlichkeiten noch l a n g e s c h w e r auf sie.

Als Boulton & Watt die Fabrikation von Dampfmaschinen anfingen, war ihnen nur darum zu tun gewesen, B e s t e l l u n g e n zu erhalten und sie hatten nicht genügend auf vorherige Festsetzung der B e d i n g u n g e n geachtet, unter denen die ihnen patentierte Maschine sollte gebraucht werden dürfen. Erst als sie ihre Kraft im Wasserheben bewiesen hatte und die Bergleute in Cornwall demzufolge 20 Faden tiefer in die Erde eindringen konnten, wurde die Frage wegen der G e b r a u c h s - bedingungen aufgeworfen. Watt schrieb an Boulton, er empfehle, dass in Zukunft keine Bestellung angenommen werde, ohne dass diese Bedingungen zuvor festgesetzt seien und fügte hinzu: „Sie müssen mich entschuldigen, wenn ich Ihnen sage, dass ich k e i n e F e d e r mehr ansetzen werde, um die nötigen Zeichnungen für neue Anordnungen zu machen, ohne dass dies geschehen ist. Lassen Sie die Gebrauchsbedingungen mäßig sein, womöglich im Voraus in Geld ausgedrückt, so werden wir wenigstens genug erhalten, um uns vor dem S c h u l d g e f ä n g n i s zu bewahren, vor dem ich in b e s t ä n d i g e r F u r c h t lebe."

Es wurde daher ein Vertragsformular entworfen, das in allen Fällen angewendet werden sollte und bestimmte, dass die Patentinhaber als Entgelt für die B e n u t z u n g d e r E r f i n d u n g ein Drittel des Wertes des ersparten Brennmaterials im Vergleich mit der Newcomen-Maschine erhalten sollten. Zur Kontrolle brachte Watt einen Hubzähler an den Maschinen an.

Im Oktober 1778 kam Boulton nach Cornwall und fand, dass die neue Dampfmaschine bei dem Publikum sehr in Gunst gekommen war. Es gelang ihm daher, von einem dortigen Bankier 2000 £ auf die in der Gegend errichteten Maschinen geliehen zu bekommen. Auch gelang es ihm, für einige der wichtigsten Maschinen im Betriebe und in Arbeit die G e b r a u c h s bedingungen zu vereinbaren. Bei der einen Maschine in Chacewater wurde eine Kohlenersparnis im Werte von 2400 £ = 48 000 Mark jährlich anerkannt und eine jährliche Zahlung von 700 £ an Boulton & Watt zugestanden. Zwei andere Maschinen brachten 400 £ jährlich. Trotz diesen und vielen ähnlichen Erfolgen drückte der Gedanke an die v i e l e n S c h u l d e n der Firma s c h w e r auf Watts Gemüt; Boulton dagegen verlor den Mut nicht und schickte Zirkulare über seine bewunderungswürdige Maschine in alle Welt. Bald kamen Bestellungen aus Frankreich und Holland, die aber Watt mehr b e u n r u h i g t e n als f r e u t e n , weil dort noch keine Patente genommen waren und er Nachahmung befürchtete. Er sah nicht ein, dass sein bester Schutz in der Überlegenheit seiner Arbeiter und Arbeitsmaschinen bestand.

Watts Kräfte waren indes beschränkt. Er litt noch viel an Kopfschmerzen, und da er noch immer alle Zeichnungen selbst machen musste, schrieb er im Mai 1779 an seinen Partner: „Ich bitte, dass Sie vor Weihnachten k e i n e n e u e Arbeit übernehmen. Es ist u n m ö g l i c h , wenigstens meinerseits; ich bin ganz zerschlagen."

Bis zum Sommer 1780 hatte die Firma 40 Pumpmaschinen verkauft, die Hälfte davon nach Cornwall. Trotzdem war sie noch in e r n s t l i c h e n Geldverlegenheiten. Boulton war in der Tat in misslicherer Lage als Watt. Er hatte sein g a n z e s V e r m ö g e n bei Ihrem Unternehmen riskiert und u n t e r h i e l t Watt, bis das Maschinengeschäft rentabel wurde. Man ersieht aus den jährlichen Bilanzen, dass Watt bis zum Jahre 1785 jährlich 330 £ = 6600 Mark ausbezahlt bekam, die dem M e t a l l w a r e n g e s c h ä f t B o u l t o n s zur Last fielen. Bis dahin hatte das D a m p f - m a s c h i n e n g e s c h ä f t noch immer m e h r a n A u s - l a g e n erfordert als e i n g e b r a c h t . Es wurde berechnet dass über 40 000 £ = 800 000 Mark hineingesteckt wurden und diese g a n z e , für die damalige Zeit e n o r m e Summe war durch B o u l t o n aufgebracht worden.

Zu der Zeit, als es endlich klar wurde, dass das Geschäft erfolgreich sein würde, erhob sich eine n e u e G e f a h r , die selbst B o u l t o n beängstigte, nämlich eine in Cornwall auftauchende Bewegung zum S t u r z e d e s P a t e n t s . Man schrie, die Dampfmaschine sei unentbehrlich für den Bergbau, das allgemeine Wohl erheische die Aufhebung des Patents. S c h l i e ß l i c h wurde eine dahingehende Petition bei dem Parlament nicht eingereicht, aber es wurden erhöhte Anstrengungen gemacht, das Patent zu u m g e h e n .

Um diese Zeit beschäftigte sich auch Boulton mit der Verbesserung der D a m p f k e s s e l . Im Herbst 1780 schrieb er an Watt über eiserne Feuerröhren zur Vermehrung der Heizfläche. Dieser antwortete: „Ich kann Eisen für Kesselröhren nicht empfehlen, aber man kann sie im Auge behalten." Darnach schlug Boulton kupferne Röhren vor, was Watt billigte, und Boulton versah einen Kessel von 26' Länge mit vier kupfernen Heizröhren von 26" Durchmesser.

1781 schrieb Boulton an Watt und ermahnte ihn, den schon oft besprochenen Plan auszuarbeiten, durch die Dampfmaschine eine rotierende Bewegung zu erzeugen, wodurch sie geeignet würde, Mühlen und andere Maschinerien zu treiben, und Wart machte ein Modell, bei dem vom Balancier vermittelst einer Pleuelstange eine Kurbel in Umdrehung gesetzt wurde. Watt sagte selbst darüber: „Der wahre Erfinder dieses Mechanismus' war der M a n n, der zuerst eine D r e h b a n k zum T r e t e n machte; ihn bei der Dampfmaschine anzuwenden, war nicht mehr, als wenn einer ein B r o t messer zum K ä s e schneiden anwendet." Er hielt diese Anwendung der Kurbel nicht für patentfähig, aber es erwuchsen ihm große Unannehmlichkeiten daraus. Ein Knopfmacher, James Pickard aus Birmingham, der wahrscheinlich durch Arbeiter von Boulton & Watt davon gehört hatte, erhielt am 23. August 1780 ein Patent darauf. Anfangs wusste Watt nicht, wie er diese Schwierigkeit überwinden sollte, fand aber bald andere Mittel zur Erreichung des gleichen Zwecks. Im Februar 1782 erhielt er ein Patent fünf verschiedene Mechanismen dieser Art, wovon das sogenannte Planetenrad den Vorzug erhielt. Wie es scheint, war dies von William Murdock, dem besten Monteur von Boulton & Watt, der später auch die Gasbeleuchtung erfand, z u e r s t e r d a c h t worden.

Im Juli desselben Jahres erhielt Watt ein Patent auf seine d o p p e l w i r k e n d e Expansionsdampfmaschine. Während er diese bewundernswerten Arbeiten machte, litt er beständig an Kopfschmerzen und an Sorgen wegen der

Geldverlegenheiten der Firma, wegen der wiederholten, erfolgreichen Versuche der Grubenbesitzer, die Gebrauchsgebühren für die Dampfmaschinen herabzudrücken und wegen vielfach drohender Patentumgehungen. Besonders schmerzte ihn die der Brüder Hornblower, mit denen er befreundet gewesen war und die er in seinem Geschäfte herangezogen hatte. Zum Überfluss brach noch in dem Hause des Londoner Agenten zum Verkaufe der von Watt erfundenen und in Soho fabrizierten Kopierpressen Feuer aus, das der Firma einen Schaden von mehr als 1000 £ verursachte.

Während Boulton auf Fertigstellung von Dampfmaschinen mit r o t i e r e n d e r B e w e g u n g drang, bezweifelte Watt, dass daraus ein Vorteil erwachsen werde. Gegen Ende 1782 wurde die erste Maschine dieser für einen Herrn Reynolds of Ketley zum Betriebe einer Kornmühle In Gang gesetzt. Die erste in London kam in die Brauerei von Goodwyn und Co. und bald waren alle Brauereien Londons damit versehen. Bald folgten Bestellungen solcher für Betriebe der verschiedenste Art, selbst für Sägmühlen in Amerika und Zuckermühlen in Westindien, und es lag so viel Arbeit vor, dass Wart an seinen Partner schrieb: „Ich sehe, dass jede Maschine mit rotierender Bewegung doppelt so viel Arbeit verursacht als eine Pumpmaschine und im Allgemeinen nur halb so viel Geld einbringt. Deshalb bitte ich, nehmen Sie k e i n e Bestellungen auf r o t i e r e n d e mehr an, bis wir s c h u l d e n - f r e i sind." Ein anderer Grund, warum Watt damals gegen Überhäufung mit Arbeit protestierte, mag der gewesen sein, dass er mit den s c h ö n e n E r f i n d u n g e n beschäftigt war, die sein Patent von 1784 umfasst. Dies enthält u.a. die Beschreibung des sogenannten Watt'schen Parallelogramms zur Geradeführung der Kolbenstange bei Balancier-Dampfmaschinen, worüber er selbst sagte: „Obgleich

ich nicht sehr auf Ruhm versessen bin, bin ich doch stolzer auf das Parallelogramm als auf irgendeine andere meiner mechanischen Erfindungen." Auch die Anwendung des Schwungkugelregulators bei der Dampfmaschine ist in diesem Patente enthalten.

Boulton und Watt blieben allen Rivalen überlegen, keiner davon war noch imstande gewesen, eine Maschine erfolgreich in Betrieb zu setzen. Die Gebrauchsgebühren, die der Firma zufließen sollten, schätzte Boulton um diese Zeit, wenn sie richtig bezahlt würden, auf 12 000 £ = 240 000 Mark jährlich und es war Aussicht vorhanden, dass ihre finanziellen Schwierigkeiten endlich überwunden werden würden.

1783 entwarf Boulton den Plan, in London eine große Dampfmühle zu errichten. Er wollte zu diesem Zwecke eine Aktiengesellschaft bilden, wegen der Opposition der Wassermüller und Mehlhändler wurde aber die Genehmigung verweigert und man sah sich genötigt, die Albion-Mill-Company als ein gewöhnliches Company-Geschäft zu gründen, wozu Boulton und Watt den größten Teil des Kapitals beschaffen mussten. Während des ganzen Jahres 1785 wurde an dem Baue der Albion-Mill gearbeitet. Die Gebäude wurden nach Zeichnungen des berühmten Architekten Wyatt, die Dampfmaschinen nach solchen von Watt und die verbesserten Müllereimaschinen nach Zeichnungen des genialen, jungen Schottländers John Rennie ausgeführt. Im Frühjahr 1786 konnten die Maschinen zum ersten Male in Betrieb gesetzt werden.

Boulton, der zugegen war, schrieb sehr u n b e f r i e d i g t an Watt und meinte namentlich, es wäre besser gewesen, die e i n f a c h wirkende Maschine b e i z u b e h a l t e n. Nachdem Watt, der damals nicht von Soho abkommen konnte, in seinem Antwortschreiben dargelegt hatte, wie die Fehler an den Maschinen aufzusuchen und zu verbessern seien, fuhr er fort: „Vor allem muss man Geduld haben und alles kaltblütig prüfen und richtigstellen. Man sollte stets darauf bedacht sein, unschuldigen Personen keinen Vorwurf zu machen. Ehe man anfängt zu murren, sollte man bedenken, dass bei neuen, komplizierten und schwierigen Dingen menschliche Voraussicht unzulänglich ist. Z e i t und G e l d müssen aufgewendet werden, um etwas zu vervollkommnen und seine Fehler aufzufinden. Anders k ö n n e n s i e n i c h t verbessert werden."

Die Kosten der Mühle beliefen sich weit höher, als anfangs vorgesehen worden war, und Watt fürchtete bald, dass sie Verluste bringen würde, nicht weil er an der L e i s - t u n g s f ä h i g k e i t d e r M a s c h i n e n, als vielmehr weil er an der Richtigkeit der G e s c h ä f t s l e i t u n g zweifelte. Namentlich war es ihm zuwider, dass man ein Schaustück aus der Mühle machen wollte, und als er hörte, dass man einem Maskenball darin halten wollte, um sie mit Pomp zu eröffnen, nannte er dies „reinen Humbug" und sagte: „Was haben maskierte Herzöge, Lords und Ladies in einer M e h l m ü h l e zu tun? Da wir von allen Seiten mit N e i d angesehen werden, sollte a l l e s v e r m i e d e n werden, was Aufsehen erregt, und wir sollten uns darauf beschränken, die Sache zu m a c h e n." Als die Mühle endlich in Betrieb kam, arbeitete sie zur vollsten Zufriedenheit und ihr Ruhm verbreitete sich weithin. M i t d e r Z e i t würde sie vielleicht auch noch rentabel geworden sein, aber als die Aussichten in dieser Richtung sich zu bessern anfingen, wurde sie am 3. März 1791 von Übelwollenden in Brand gesteckt. Boulton verlor dadurch 6000 und Watt 3000 £.

Das Dampfmaschinengeschäft wuchs beständig, aber Watt, für den es immer größere Arbeitskraft brachte, war oft bis zum Tode ermüdet. Gerade um diese Zeit, als bereits der Glücksstern über dem Geschäfte leuchtete, schrieb er einmal an einen Freund: „Ich habe ernstlich daran gedacht, die Bürde niederzulegen, die zu tragen ich zu schwach bin, und vielleicht, wenn nicht andere Gefühle stärker gewesen wären, würde ich daran gedacht haben, die sterbliche Hülle abzuwerfen; aber wenn's nicht schlechter wird, kann ich mich vielleicht noch fortschleppen. Salomo sagt: Vermehrte K e n n t n i s s e bringen vermehrte Sorgen. Hätte er gesagt: vermehrte G e s c h ä f t e anstatt vermehrte Kenntnisse, so würde er vollkommen recht haben."

Wie bereits erwähnt, musste bis zum Jahre 1785 alles, was in der Dampfmaschinenfabrikation von Boulton und Watt verdient wurde, wieder in das Geschäft gesteckt werden und der Lebensunterhalt Watts musste aus der M e t a l l w a r e n f a b r i k a t i o n B o u l t o n s bestritten werden. Erst von da ab besserte sich dies und am 7. Dezember 1787, etwa sechs Wochen vor Watts 52. Geburtstag, hatte Boulton die freudige Genugtuung, an ihren Agenten in London schreiben zu können: „Da Mr. Watt bei Mr. Mc. Gregor in Glasgow ist, bitte ich Sie, ihm einige Zeilen zu schreiben und ihm mitzuteilen, dass Sie ihm 4000 £ auf s e i n Konto gutgeschrieben haben, dass sie 1000 £ für i h n an die Albion-Mühle bezahlt haben und ihm bis Weihnachten wahrscheinlich noch 2000 £ werden gutschreiben können."

Während Watt von da ab allmählich in einen sicheren Hafen einlief, trieb Boulton nach auf hoher See. Er war stets unternehmend und stets bereit, sich an einem G e s c h ä f t z u b e t e i l i g e n, wenn er glaubte, dadurch eine D a m p f m a s c h i n e anbringen zu können. Auch hatte er von den kornischen Gruben- und Hüttenbesitzern große Mengen Kupfer an Zahlung statt angenommen, die lange in Birmingham liegen blieben. Als nun 1788 eine Handelskrisis ausbrach, sah er sich in der p e i n l i c h s t e n Verlegenheit. Dazu kam, dass sich Gicht- und Steinleiden bei ihm einstellten. Es war die trübste Zeit in Boultons

Leben und der Gedanke quälte ihn, dass er seine Familie trotz aller Arbeit in seinem Leben unversorgt zurücklassen müsse. Aber kurze Zeit darauf sehen wir ihn mit a l l e r E n e r g i e in einer g a n z n e u e n R i c h t u n g tätig.

Um die Mitte des vorigen Jahrhunderts war das Münzwesen sehr in Verfall geraten und es wurde viel Falschmünzerei getrieben, namentlich in Birmingham. Boulton hatte sich nie daran beteiligt, sondern sann darüber nach, wie die kursierenden s c h l e c h t e n Münzen durch s o g u t e n e u e ersetzt werden könnten, dass deren Nachahmung s c h w i e r i g sei. Er hatte mehrmals mit den Staatsministern Unterredungen über diesen Gegenstand. Schon 1774 hatte er mit Watt darüber beraten und 1786 zum ersten Mal die Dampfmaschine angewendet, um für die ostindische Kompanie mehr als 100 Tonnen Kupfermünzen zu prägen. Er verbesserte darauf seine Präganstalt noch wesentlich und viele Jahre später schrieb Murdock: „Der unermüdlichen Ausdauer und Energie Boultons in der Verfolgung dieses Zieles ist zum großen Teile die Vervollkommnung zuzuschreiben, die das Münzwesen schließlich erreichte." Ende 1788 waren sechs Prägmaschinen in Soho aufgestellt. Nach vielen Bemühungen Boultons wurde er von der englischen Regierung aufgefordert, Modelle zu neuen Kupfermünzen einzureichen. Diese befriedigten auch sehr und wurden zur Ausführung angenommen, aber die königlichen M ü n z b e a m t e n wussten die Sache noch zehn Jahre lang hinzuhalten. Boulton musste in der Zwischenzeit wieder im Auslande Beschäftigung für seine Präganstalt suchen und fand sie namentlich bei der revolutionären Regierung in F r a n k r e i c h. Erst von 1797 an erhielt er von der britischen Regierung Aufträge und lieferte ihr von da bis 1806 etwa 4200 Tonnen Kupfermünzen. Auch lieferte er solche an Russland, Spanien, Dänemark, Mexiko und Kalkutta, sodass Watt mit Recht sagen konnte: „Hätte Boulton nichts in der Welt getan, als das M ü n z w e s e n vervollkommnet, so verdiente sein Namen unsterblich zu sein."

Etwa im Jahre 1789 waren die Schwierigkeiten, womit Boulton und Watt zu kämpfen gehabt halten, endlich überwunden und sie konnten sich nun in ihrem Alter mehr Ruhe gönnen, zumal sie mit Befriedigung und voller Hoffnung auf ihre beiden Söhne sehen und ihnen alles getrost überlassen konnten. Diese traten 1794 als Teilhaber in die Firma und brachten neue Kraft und neues Leben ins Geschäft, erwiesen sich auch in der Verteidigung der Patentrechte sehr geschickt. Von 1796 bis 1799 wurden mehrere Patentprozesse geführt und endlich zugunsten von Boulton und Watt entschieden. In dem wichtigsten, gegen die Hornblowers, legte Professor Robison zugunsten Watts Zeugnis ab, und als er bei seiner Heimkehr dem alten Dr. Black die Nachricht von dem für Watt günstigen Ausgange des Prozesses erzählte, war dieser zu Tränen gerührt. „Es ist recht albern", sagte er dabei, „aber ich kann nicht anders, wenn ich von etwas Gutem höre, das unserm l i e b e n J a m e s begegnet ist."

Die Grubenbesitzer in Cornwall hatten seit Jahren die bedungenen Gebühren nicht bezahlt. Nach den genannten Prozessentscheidungen wurden nun, wenn auch nicht ohne Schwierigkeiten, 30 000 £ solcher rückständiger Gebühren eingetrieben. Von dem Teile, den Watt hiervon bekam, kaufte er sich ein Landgut in Wales.

Das Patent erlosch im Jahre 1800, als Vater Watt 64 und Vater Boulton 72 Jahre alt war, aber das Geschäft dehnte sich trotzdem mehr und mehr aus. Die Firma Boulton und Wart vermochte ihre Überlegenheit über Konkurrenten noch lange Zeit zu behaupten.

Der alte Watt hatte sich 1790 ein Landhaus bei Birmingham gebaut und 1794 einen größeren Landkomplex dazu gekauft, den er in einen hübschen Park umwandelte. Bei seinem Wohnhause baute er eine Schmiede und in einer Dachstube richtete er sich eine Werkstätte für mechanische Studien her. Während Wall sich hierher zurückzog, war Boulton, obgleich der ältere, noch immer im Geschäfte, namentlich in seiner Münzstätte, tätig, bis er am 17. August 1809 im Alter von 81 Jahren starb.

Der stets schwächliche Watt überlebte ihn. Er war in Schottland, als ihn die Nachricht von Boultons Tod erreichte, und schrieb an dessen Sohn, nachdem er ihm sein Beileid ausgedrückt: „Wenige Männer haben s e i n e Fähigkeiten besessen und noch wenigere haben sie s o a n g e w e n d e t wie er. Und wenn wir dazu seine Leutseligkeit, seine Großmut und seine Liebe zu seinen Freunden rechnen, so erhalten wir das Bild eines s e l t e n e n Charakters. Einen solchen Freund haben wir verloren, auf dessen Zuneigung wir stolz sein können, während S i e stolz darauf sein können, der Sohn eines s o l c h e n Vaters zu sein."

Watts Gesundheit befestigte sich merkwürdigerweise in seinem Alter. Sein Wissensdurst war ungeschwächt und er las viel. Sein Eifer zu Untersuchungen und sein Erfindungsgeist waren so rege wie zuvor. Die letzte Erfindung, die ihn beschäftigte, war eine Maschine zum Kopieren, Vergrößern und Verkleinern von Statuen und Medaillen. Wir finden ihn im Jahre 1810 in seinem 74. Lebensjahre damit beschäftigt und sieben Jahre später scheint sie beinahe vollendet gewesen zu sein. Er machte sich ein Vergnügen daraus, seinen Freunden Produkte seiner neuen Maschine zum Geschenk zu machen, und bezeichnet diese Statuetten und Medaillen in einem Briefe vom Jahre 1818 scherzweise als „Erzeugnisse eines jungen Künstlers, der eben in sein 83. Jahr eintritt."

Im Sommer 1819 wurde er von seiner letzten Krankheit befallen; doch litt er wenig und behielt seine geistigen

Fähigkeiten beinahe bis zum letzten Augenblick. Er war sich seines nahenden Endes bewusst und drückte von Zeit zu Zeit seinen Dank gegen die göttliche Vorsehung aus für den reichen Segen, den sie ihm auf dieser Welt zu genießen erlaubt hatte und für das hohe Alter, das ihm vergönnt war, ohne dass er die Schwächen des Alters zu empfinden gehabt hätte.

Am 19. August 1819 verschied er.

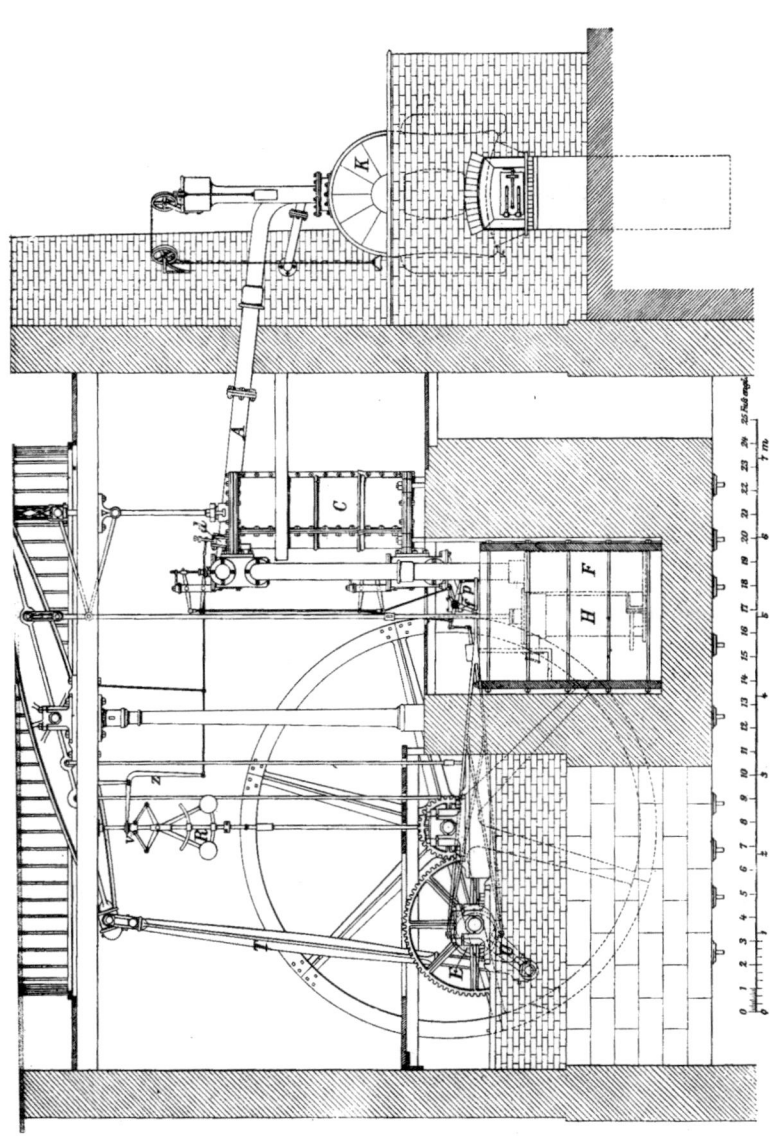

Eine Watt' sche Niederdruckdampfmaschine von 1808